THOUGHTS

OF A STRANGER

ON THE

STATUE TO ROUSSEAU.

La Grèce, à l'insensé Pyrrhon,
Fait élever une statue;
Socrate prêche la raison,
Et Socrate boit la ciguë.

VOLTAIRE.

GENÈVE,
CHEZ D. DUNANT, LIBRAIRE-ÉDITEUR,
ET AGENT D'ENTREPRISES RELATIVES A LA LITTÉRATURE ET AUX BEAUX-ARTS,
Tour de l'horloge du Molard.

IMPRIM.^e DE LUC SESTIÉ.

1829.

THOUGHTS OF A STRANGER

ON THE

STATUE TO ROUSSEAU.

———

The public attention seems once more engaged with the name of Rousseau, and it is proposed to erect a statue to his memory. Will a stranger be permitted to offer his opinions on the subject and in a strange language? The interest he feels in it is his only prompter to such presumption. His good wishes for Geneva are his only claim to regard.

Doubts have arisen as to the merits of this proposition and the public feeling seems as yet unfixd. Whether these doubts are founded on principles of sincerity or not, whether they come more from the head than the heart, can only be known by the authors and only guessd at by the Genevese. Doubts like truths affect us variously like the various degrees between the Positive and Negative. Some strike with the force of Instinct and the mind lays them down at once as Principles or primary results. Others require a little time to produce self conviction. Others allow themselves to be playd with till they become sophisms and all we can arrive at is self persuasion. In the present case all these classes seem to be mixd up in various proportions and therefore the objections to the statue are various. Some attack it on the score of Religion, and say it would be erecting a monument to infidelity. Some say that Rousseau was a mere Romancer. Some that he has done nothing for his country and never belongd to its institutions.

It is not for a stranger to enter into those feelings with which Geneva should consider Rousseau her fellow citizen; it is but for the Theologian to discuss his doctrines of faith; it is but for the critic to examine his works: the Republic may reject him, the Church may excommunicate him and Literature itself may suffer from his sins. But are these the points in question at present? Was Rousseau the great man of Geneva or not? Has Geneva benefitted by Rousseau?

I have no pretentions to be his Eulogist or his Enemy: the age has not yet arrived when we can fairly judge him. The great moral volcano which he assisted to kindle still dims us with its expiring fires, the great wave on which we have been launchd has not thrown as back to the quiet stream; the storm has subsided but the waters still heave and the ruins and wrecks thrown around still remind as of our perills. It

is only then for the purified vision of posterity
to judge of him, it is only for the calm level
of time to fix his landmark. We can all say few
men have been more mistaken by others, few
have more mistaken themselves. Like those who
dream on through life and seldom rub their eyes
for fear of waking, like those whose flowers have
been broken by the winds and who live in a sum-
mer house of their own, every thing around him
was a delusion or a delirium, and when he stood
amidst the cold realities of his species he stood
like the blighted tree in the wilderness. But is
this the estimate by which we are to judge of
him? Is the prism by which he gazed on things
to be turnd back by those who gaze on him. We
must look at his works not at the man. We
must see what he has done and what his Genius
has accomplishd. He has been associated in our
minds with the great workers of destruction. He
has been chargd with the demolition of the great
Social fabric. Where do we see all this? Where
do we find that his efforts at renewal have
not been greater than his efforts at destruction?
Are we to class him with Voltaire and the Ency-
clopedists? These were sincere and persevering
in their task, satire and ridicule were their cons-
tant tools, Atheism and Anarchy they prefered
to Bigotry and Bondage: the fabric was unsound,
they sought to demolish it: did Rousseau join in

the work? he saw its unsoundness, he wishd to engraft new materials with the old, he knew the good would fall with the bed, he trembled with the love of his species, and if his tears were bitter they were not those of bile.

But these are not the points on the present occasion, these are not points on which men will be agreed. The various lights in which Rousseau has been judgd, the various colours which like the Cameleon he took according to the colours of the times, the various rites he receivd whe ther as Deity or Demon : all these have passd away, the passions have declined and we must measure him by a different standard tho the true one is not yet arrived.

What then is the feeling we are all agreed on? the name of Rousseau is imperishable. It has gone to the ends of the earth. His niche in Fames temple cannot be broken. The stream of ages may roll on but his memory like the Beacons light will shine ont on the great waste. Genius has encircled it with her Halo, Liberty has crownd it with her Diadem.

Who will deny this? who will count the spots on the planets disk and forget the brightness of the luminary. The name of Rousseau belongs to the world. No sect or school bound him in its chains, no cause but liberty enslaved his mind, he combatted for mankind, he grappled with

Despots, and the blackness of their persecution is the brightness of his glory.

Where then was he born asks the freeman from distant lands? what spot has been hallowd by his birth place asks the admirer of Genius, let us visit it as a shrine, let us perform our pilgrimage.

Such appear to me to be amongst the chief points of view in which we should consider the present question. Such appear to me tobe its natural and national features. Rousseau did not benefit Geneva in his life time. He had no seat in her Academies, no vote in her Councills: wandering and homeless he fled oer the land, and though man was his idol yet man was his pestilence. But is not Geneva his birth place? has he not shed the light of his name around her? are they not peculiarly identified with each other and does he not call himself her « Citizen »? Will not strangers visit her merely from his name and is not the visit of strangers amongst her sources of prosperity? She has had proud names to adorn her, she has shone in the bright walks of Fame but where is the star that rises higher in her Firmament? where is the stranger whe salutes her who will not ask for her Rousseau?

For myself I am from a land where liberty is adored. Britain has reard her monuments to the glorious cause, and the birth spots of her patriots are holy places. In thinking of Helvetia we think of this Goddess, her eagle wing is fitted for the Alps and the valleys sleep in peace under its shelter. In thinking of Geneva we think of Rousseau. When I see her bright spires glittering far in the horizon, when even they are brought back to me in memory and in mind, I think I see the image of her patriot hovering around and the genius of liberty adorning them. It is not the magic of her landscape that solely binds us, it is not her mountains and lake that are the mere Talisman of our gaze. We look to the moral beauty of the scene. We think of the Republic and its virtues. We think what liberty has done for the world and what literature can do by her light.

Why not then perpetuate that name so sacred to all? why not erect a monument to the great Philanthropist of the age? Why not erect it in that spot so peculiarly his own? Stone and statuary are more perishable than his works, but statues are records for all classes of society, and Rousseau laboured for all classes. France proudly enlisted him in her temple and gloried to call him her own. England would no less covet him if she had any claims. Will not his native city assert her rights to his possession? will not the admirers of Genius flock to her as a common shrine? will not her sons say in gazing on it « he was born « amongst ourselves ».

Geneva, Jan.ʸ 1829.   T. C. S.

OPINION D'UN ÉTRANGER

SUR LA CONVENANCE D'ÉLEVER UNE STATUE A ROUSSEAU DANS SA PATRIE.

NB. C'est plutôt une imitation qu'une traduction que le libraire, éditeur de cette brochure, offre ici à ceux de ses Concitoyens auxquels la langue anglaise n'est pas familière.

Il invite ceux qui la possèdent, et qui sont en grand nombre, à ne fixer leur attention que sur le texte.

SERA-T-IL permis à un étranger d'offrir aux Genevois son opinion sur la proposition d'élever une statue à Rousseau? Il l'espère; ses vœux pour la gloire et la prospérité de Genève sont les seuls titres dont il puisse se prévaloir pour obtenir la faveur d'être écouté.

On élève des doutes sur la convenance de cette proposition, et l'on prétend que l'opinion publique n'est pas encore fixée. Soit que ces doutes dérivent de principes solides et sincères ou qu'ils soient seulement d'ingénieux sophismes, soit qu'ils partent de l'esprit ou du cœur, c'est ce que ceux seuls qui les élèvent ou les éprouvent peuvent savoir; c'est ce que les Genevois seuls doivent juger.

Les doutes ainsi que les vérités font diverses impressions sur nos esprits, comme les différens degrés entre le positif et le négatif. Quelques-uns frappent avec une force d'instinct, et l'esprit les admet immédiatement, comme des principes ou des résultats primitifs. Il y en a d'autres qui en peu de temps se transforment en conviction. Il y en a d'autres qui flottent long-temps et nous amusent jusqu'à ce qu'ils deviennent des sophismes, et sur lesquels un jugement fixe n'est que le dernier effort de l'esprit.

Dans la question actuelle, ces diverses espèces de doutes semblent répartis en différentes proportions, et, par conséquent, les objections que l'on fait contre la statue ont beaucoup de nuances. Quelques personnes décrient le projet dans l'intérêt de la Religion, et proclament que l'on va élever un monument à l'infidélité. D'autres prétendent que Rousseau n'est qu'un célèbre romancier. D'autres soutiennent qu'il n'a rien fait pour Genève, qu'il est devenu étranger à ses murs et qu'il n'a eu aucune part à ses institutions.

Ce n'est pas à un étranger qu'il convient d'apprécier les sentimens des Genevois à l'égard de Rousseau, comme un concitoyen. Il n'appartient qu'à des théologiens de discuter ses dogmes religieux; il n'appartient qu'aux philologues d'examiner ses écrits. La République peut le rejeter, l'Église peut l'excommunier, et même la Littérature peut déplorer ses erreurs; mais sont-ce là les questions qu'il s'agit actuellement de décider? Non: Rousseau est-il le grand homme par excellence de Genève? Rousseau honore-t-il Genève ou non? Voilà, selon moi, sur quoi l'opinion doit se fixer.

Je ne prétends point d'être son apologiste ni son détracteur: l'époque de le juger sainement n'est pas encore arrivée. Le grand volcan moral qu'il a contribué d'allumer nous éblouit encore avec ses flammes expirantes; le grand torrent qui nous a entraînés et balottés n'est pas encore entièrement rentré dans son lit : l'orage est passé, mais les vagues n'ont pas cessé de mugir, et les débris ou les ruines qui nous environnent sont des images de nos craintes bien plus que celles de nos espérances.

Ce n'est donc pas avec nos passions qu'il faut prématurément porter un jugement sur Rousseau : il n'appartient qu'à la postérité de l'envisager avec impartialité, et au cours paisible du temps, de lui assigner son véritable poste. Il n'y a probablement qu'un seul point sur lequel nous serons tous d'accord, c'est que jamais on n'a méconnu un homme plus que lui, et que jamais un homme ne s'est plus méconnu luimême.

Comme ceux dont la vie est un songe, et qui se frottent rarement les yeux de peur de se réveiller; comme ceux qui ont vu leurs espérances s'évanouir et qui persistent dans les chimères favorites que se crée leur imagination, tout était pour lui une illusion, tout était un délire; et quand il retournait aux froides réalités au milieu desquelles vivent les humains, il ressemblait à l'arbre desséché qui végète dans le désert; mais cela ne regarde que lui, et ce n'est pas sur cette base qu'il faut le juger. Le prisme à travers lequel il a envisagé les hommes et les choses ne doit pas être retourné par ses juges : il faut contempler les monumens qu'il a élevés et non l'artiste; il faut n'admirer que ce qu'il a fait par la force de son génie.

Nous avons associé Rousseau avec les grands ou-
vriers de destruction : nous l'avons accusé d'avoir
coopéré à la démolition du grand édifice social ; mais
où en trouvons-nous les preuves ? N'est-il pas évident,
au contraire, que ses efforts pour le rétablir sur de
nouvelles bases, ont été plus forts que ceux qu'il a
faits pour en accélérer la chute ? Gardons-nous de le
classer avec Voltaire et les Encyclopédistes : ceux-ci
furent infatigables dans leur travail ; leurs outils furent
le ridicule et la satire ; ils ont préféré l'athéisme et
l'anarchie à la superstition et à la servitude : l'édifice
social était délabré, ils ont cherché à accélérer son
entière destruction.

Pourquoi accuser Rousseau d'avoir été leur colla-
borateur ? Qu'a-t-il fait ? Il a connu la faiblesse de
l'édifice et que sa chute était prochaine : il a voulu
remplacer ses anciennes bases par de nouvelles ; il a
connu que dans sa démolition les vertus et les vices,
les bons comme les méchans seraient sacrifiés : il a
tremblé par amour pour l'humanité, et si ses larmes
furent amères, elles ne furent point celles de la haine.

Mais tout cela est hors de la question actuelle, à
ce qu'il me semble. Tout cela a trait à des questions
sur lesquelles les hommes ne seront point si vite
d'accord. Les divers points de vue sous lesquels Rousseau a été envisagé ; les couleurs diverses dont il a
paru revêtu, comme le caméléon, selon les différentes
couleurs du temps ; les hommages et les injures qu'il
a reçus, selon qu'il a été considéré comme une Divinité
ou comme un Démon, n'existent plus : les passions
ont repris du calme, et il faut en porter un autre juge-

ment, quoique l'époque du vrai jugement ne soit pas encore arrivée.

Sur quel point sommes-nous donc d'accord? Le nom de Rousseau est immortel : il franchit les limites de l'Univers ; nous ne pouvons exclure son buste du temple de la Gloire. Comme le phare qui éclaire au milieu des ténèbres et des flots amoncelés par la tempête, son nom brillera et percera dans la nuit des temps : le Génie l'environne de son halos ; la Liberté le couronne de son diadème.

Qui osera le nier? Qui osera compter les taches sur le disque de l'astre et oublier son éclat? Le nom de Rousseau appartient à l'humanité : aucune secte ne l'a captivé dans ses chaînes ; aucun parti politique n'a influencé l'essor de son esprit : il n'a connu que l'étendart de la liberté. Il a combattu pour l'humanité ; il a combattu les despotes, et la noirceur de leurs persécutions réhausse l'éclat de sa gloire.

Où naquit-il donc? demande l'homme libre des pays lointains. Quel est le lieu que sa naissance a immortalisé? demande avec empressement l'homme de génie. Allons le visiter comme un temple consacré ! Allons en pélérinage lui offrir nos hommages !

Tel est, il me semble, le point de vue principal, le point de vue actuel le plus naturel et le plus national de la question.

Rousseau n'a pas directement servi sa patrie pendant sa vie : il n'a occupé aucune place dans son Académie ; il n'a eu aucune voix dans ses Conseils ; sans ami et sans abri, il a erré partout et l'homme fut à la fois son idole et son fléau. Mais Genève n'est-elle pas sa ville natale? La lumière qui entoure son nom, ne brille-t-elle pas également sur elle? Ne sont-ils pas particulièrement identifiés l'un avec l'autre? n'a-t-il pas pris avec honneur le nom de *Citoyen de Genève?*

Oui! les étrangers visitent cette ville par hommage à sa mémoire. La présence des étrangers n'est-elle pas au nombre de ses richesses? Genève se glorifie à juste titre du nom de ses grands hommes : elle a brillé dans la plupart des sentiers de la renommée. Mais quelle est l'étoile qui s'élève le plus haut dans son firmament? Quel est le nom qui l'a le plus illustrée? Où est l'étranger qui la salue et ne demande pas où est le monument qu'elle a élevé à son Rousseau?

Pour moi, je naquis dans un pays où la liberté est adorée. L'Angleterre a érigé ses monumens aux hommes qui font sa gloire, et les lieux où naquirent ses grands citoyens sont des lieux consacrés.

En pensant à l'Helvétie, nous pensons à la divine liberté : dans son vol audacieux elle est digne, comme l'aigle, de planer sur les Alpes, et les habitans de leurs vallées de jouir du bonheur qu'elle leur assure. En pensant à Genève, nous pensons à Rousseau. Quand je vois briller ses clochers à l'horizon, quand l'idée de Genève se présente à mon esprit, il me semble que l'image de Rousseau vient flotter autour d'eux, et que le Génie de la liberté les unit.

Ce ne sont pas seulement les merveilles que la nature étale autour d'elle que nous admirons; ce ne sont pas seulement son lac et ses montagnes qui nous attirent : c'est la beauté morale du tableau : la République et ses vertus. Nous contemplons les fruits de

la liberté ; nous contemplons les bienfaits de la littérature, des sciences et des arts.

Pourquoi donc ne pas rendre un éclatant hommage
à un nom si cher à l'Univers ? Pourquoi ne pas élever
un monument au philantrope par excellence du siècle ?
Pourquoi ne pas l'élever dans le lieu de sa naissance ?
L'œuvre du sculpteur est plus périssable que son nom ;
mais c'est un témoignage de la reconnaissance de toutes
les classes de la Société, et Rousseau a travaillé pour
toutes les classes.

La France a placé avec orgueil son buste au Pan-
théon et se glorifie de le compter au nombre de ses
grands hommes, de l'appeler Français. L'Angleterre
serait également fière de le posséder, si cela était
possible ; pourquoi sa ville natale lui refuserait-elle
ses droits ? Chaque admirateur du génie ne viendra-t-il
pas lui offrir son encens, et chaque Genevois, en re-
gardant sa statue, ne dira-t-il pas avec satisfaction :
IL ÉTAIT NÉ PARMI NOUS ?